MÁQUINAS SIMPLES

LAS RUEDAS Y LOS EJES SON MÁQUINAS

DOUGLAS BENDER
Traducción de Milly Blanco

Un libro de Las Raíces Plus de Crabtree

CRABTREE
Publishing Company
www.crabtreebooks.com

Apoyos de la escuela a los hogares para cuidadores y maestros

Este libro ayuda a los niños en su desarrollo al permitirles practicar la lectura. Abajo están algunas preguntas guía para ayudar al lector a fortalecer sus habilidades de comprensión. En rojo hay algunas opciones de respuesta.

Antes de leer:

- ¿De qué pienso que tratará este libro?
  - *Pienso que este libro se trata sobre ruedas y ejes.*
  - *Pienso que este libro trata sobre lo útiles que son las ruedas y los ejes en nuestras vidas.*
- ¿Qué quiero aprender sobre este tema?
  - *Quiero saber cuándo se inventaron las ruedas y los ejes.*
  - *Quiero aprender cosas que puedo hacer con las ruedas y los ejes.*

Durante la lectura:

- Me pregunto por qué...
  - *Me pregunto por qué el eje mantiene la rueda en su lugar.*
  - *Me pregunto por qué las turbinas de viento usan ruedas y ejes.*
- ¿Qué he aprendido hasta ahora?
  - *Aprendí que un automóvil utiliza cuatro ruedas y dos ejes.*
  - *Aprendí que una carretilla utiliza un eje y una rueda para ayudar a la gente a mover cosas.*

Después de leer:

- ¿Qué detalles aprendí de este tema?
  - *Aprendí que el eje gira la rueda o las ruedas.*
  - *Aprendí que una turbina de viento nos ayudan a generar energía producida por el viento.*
- Lee el libro una vez más y busca las palabras del vocabulario.
  - *Veo la palabra **carretilla** en la página 16 y la palabra **energía** en la página 20. Las demás palabras del vocabulario están en la página 23.*

Esto es **una rueda y un eje**.

Polea

Palanca

Tornillo

Es una de las seis **máquinas simples**.

Cuña

Plano Inclinado

Rueda y Eje

Las máquinas simples tienen pocas o ningunas piezas en movimiento.

El eje pasa por el centro de la rueda.

Hace girar la rueda.

El eje también mantiene la rueda en su lugar.

Las ruedas y los ejes nos ayudan a mover las cosas.

Algunas ruedas y ejes son grandes.

Pueden mover objetos más grandes y pesados.

Algunas ruedas y ejes son pequeños.

Un automóvil tiene cuatro ruedas y dos ejes.

Una **carretilla** utiliza un eje y una rueda para ayudarnos a mover las cosas.

Las **turbinas de viento** utilizan ruedas y ejes.

Las turbinas de viento nos ayudan a generar **energía** producida por el viento.

Lista de palabras

Palabras básicas

algunas
automóvil
ayudan
cosas
cuatro
dos
el
en
es
esto
generar
grandes
lugar
mantiene
mover
movimiento
ningunas
nos
o
para
pequeños
piezas
pocas
por
pueden
son
tiene
un
una
utiliza
utilizan
y

Palabras para conocer

carretilla

energía

máquinas simples

turbinas de viento

una rueda y un eje

Crabtree Publishing Company

Written by: Douglas Bender
Translation to Spanish: Milly Blanco
Designed by: Rhea Wallace
Series Development: James Earley
Proofreader: Janine Deschenes
Educational Consultant: Marie Lemke M.Ed.
Photographs:
Shutterstock: pio3: cover, p. 3; tatui suwat: p. 3, 23; Talk: p. 6; Zarya Maxium: p. 7; Alexandrovich: p. 8; Kiev.Victor: p. 9; Natalie Jean: p. 11; Mike Flippo: p. 12-13; ok_kate: p. 14; Giovanni Love: p. 15; Feeling Lucky: p. 17, 23; pedrosala: p. 19, 23; Ivanova Tetyana: p. 21, 23

MÁQUINAS SIMPLES

LAS RUEDAS Y LOS EJES SON MÁQUINAS

Library and Archives Canada Cataloguing in Publication

CIP available at Library and Archives Canada

Library of Congress Cataloging-in-Publication Data

CIP available at Library of Congress

Crabtree Publishing Company

www.crabtreebooks.com 1-800-387-7650

 Printed in the U.S.A./072022/CG20220201

 In Canada: We acknowledge the financial support of the Government of Canada through the Canada Book Fund for our publishing activities.

Published in the United States
Crabtree Publishing
347 Fifth Avenue, Suite 1402-145
New York, NY, 10016

Published in Canada
Crabtree Publishing
616 Welland Ave.
St. Catharines, ON, L2M 5V6